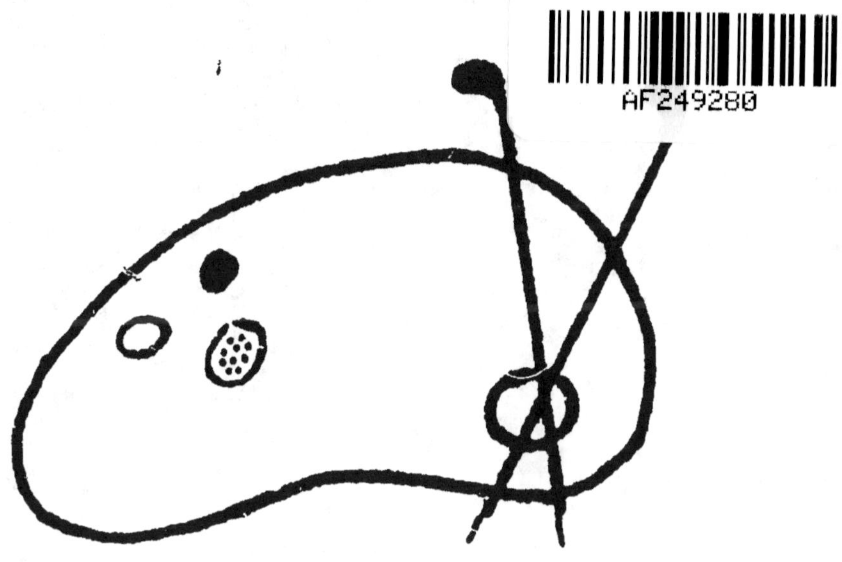

Couvertures supérieure et inférieure
en couleur

TROISIEME LETTRE

DE L'AUTEUR

DU MODE FRANÇAIS,

TROISIEME LETTRE

DE L'AUTEUR

DU MODE FRANÇAIS,

Où il traite des divers effets que pro-
duisent sur les esprits les diverses ma-
nieres d'exprimer une même chose.

----

3 Janvier 1788.

IL faut donc, Monsieur, que je vous
parle encore de moi, que j'acheve de
me justifier d'avoir osé faire un Discours
apologétique de nos usages, & que je
me disculpe enfin tout-à-fait devant les
Français, des éloges que j'ai eu la har-
diesse de donner au Gouvernement des
Français.

J'ai toujours cru sincérement que notre

Gouvernement faifoit une partie de nos ufages, & qu'il étoit de notre choix. C'eft dans ce fens que j'en ai fait l'éloge. Et cet éloge, tout conforme qu'il eft à l'ordre & à l'obéiffance, m'a paru plus noble & plus vrai que les criailleries tant répétées des frondeurs, qui donneroient à la fin à penfer que les Français languiffent fous un joug qu'ils portent malgré eux, & dont ils fe garantiroient, fi leurs forces pouvoient répondre à leurs intentions. Quoi qu'il en foit, Monfieur, je perfifte à penfer que les frondeurs du Gouvernement déshonorent la France, & que ceux qui l'aiment, & qui le louent, la fervent, l'illuftrent & la fortifient.

J'ai dit, je crois, tout ce qu'il y avoit à dire d'important à l'avantage du Gouvernement Monarchique, & à l'avantage du Gouvernement Français. Plein de mon fujet, certain d'abonder en raifon, je n'ai eu d'autre embarras que de me contenir dans les bornes d'un recit fimple, d'éviter des éclats & des emportements inutiles dans le développement des principes élevés, justifiés jusqu'ici par des grands, par de magnifiques effets. On ne m'accusera pas d'y avoir voulu mettre de l'esprit, car c'est si peu de chose que l'esprit dans tout ce qui parle à l'ame, & qui l'éleve. J'ai apporté pour traiter la matiere que j'ai choisie un esprit simple, & autant que je l'ai pu un sens droit. J'ai tâché que mes idées fussent dans un bel ordre, qu'elles s'amenassent les unes les autres, & qu'elles concouruffent à s'éclaircir mutuellement, pour diminuer d'autant le travail du lecteur. Il falloit pour porter de la lumiere & de l'intérêt dans des discuffions souvent très-abstraites, il falloit que mon style fût clair, plein de vie & de chaleur, mais pourtant sans anthoufiafme & sans paffion, & c'est à quoi j'ai sur-tout veillé. Parmi le nombre considérable de vérités que j'ai raffem-blées, il n'y en a peut-être qu'un petit nombre, qui, préfentées féparément, fortiffent de l'ordre ordinaire; mais leur réu-

nion forme un bloc qui attireroit toujours l'attention, quand même je n'au-
rois point pour moi les détails. Mes
phrases les plus simples & les plus né-
gligées se rapportent toutes à un but
commun qui leur donne de la force &
de la valeur; ce sont des lignes qui about-
issent au même centre, & si mon ouvrage a quelque mérite, c'est sans doute
celui de l'ensemble & de l'unité.

Il me reste à vous faire voir que cette
unité & cet ensemble sont portés dans
mon Discours aussi loin que les ouvrages
humains le comportent, & que mon
expression même concourt par-tout, autant qu'il est possible, à faire passer dans
l'esprit de mon lecteur les sentiments
que j'ai voulu lui inspirer.

Si c'est une vérité incontestable que
la bouche parle plus volontiers de ce
qui abonde plus dans le cœur, c'est une
vérité toute aussi grande & toute aussi
utile à remarquer, que ce que l'on dit
prend la teinte de la disposition où l'on

eſt, & que la même choſe dite ou d'une maniere indifférente, ou d'une maniere mépriſante, ou d'une maniere approbative, produit ſur les eſprits qui ne ſont point en garde, trois effets tout-à-fait différents, quoique la choſe dite ne change point en elle-même de nature. Et cet effet eſt d'autant plus grand, que la perſonne qui parle a plus d'eſprit, de chaleur, de puiſſance, & que ſon élocution eſt plus pure, plus parfaite, & par conſéquent plus ſéduiſante.

Sans doute que moi qui ſuis plein d'amour pour ma patrie, ſans empreſſement ridicule, & ſans inquiétude d'eſprit, qui ſuis plein de reſpect pour le Gouvernement ſans approuver ſes fautes, ni juſtifier ſes erreurs, ſans doute que mon Diſcours a pris la teinte de cette diſpoſition, & que tout ce qui nous eſt avantageux reſſort plutôt ſous ma plume que ce qui nous ſeroit défavorable & déplaiſant ; il faut bien qu'il y ait au moins un Ecrivain de ce genre. On ne peut pas toujours voir les chofes par leurs mauvais côtés. Quant à ceux qui n'aiment point leur patrie ils parlent d'une maniere conforme à leurs difpofitions ; les louanges mêmes qu'ils font forcés de lui donner, prennent un tour amer & critique qui en détruit l'effet. Ces perfonnes trouvent ma maniere mauvaife, qu'ils me permettent de trouver la leur déteftable, & de prouver devant le public qu'en cela ils ne manquent pas moins au bon goût, qu'à la vérité & à la raifon.

Lorfque j'ai lu les Effais de Montaigne & toutes les citations dont ils font entremêlés, je me rappelle qu'ils m'ont fait un effet tout contraire à celui que je vois qu'ils font communément. J'étois indigné, révolté du fyftême : j'étois enchanté du ftyle, je ne me laffois point d'admirer la grace, l'imagination, le bonheur de l'expreffion. Les gens du monde, qui font volontiers de ce livre la bafe de leur philofophie, y admirent tout, le fond & la forme : & c'eft, felon

moi, ce qui a fait le plus d'inconsé-
quents, le plus d'égoïstes parmi nous, ce
qui a le plus détourné les Français d'exer-
cer sur eux-mêmes une juste sévérité, ce
qui les a le plus portés à caresser leurs
mauvaises inclinations, ce qui a enfin souvent donné à leurs vertus la teinte de
quelque vice.

Toujours occupé de lui, rapportant
toujours tout à lui, proposant la vertu
comme spectacle, le vice comme pra-
tique, développant avec complaisance
les foiblesses humaines dans le récit qu'il
fait des siennes, saliffant avec une forte
d'agrément les plus beaux traits de force
& de courage qu'il rapporte des autres.
Montaigne a eu l'art de donner la vie
d'un gentilhomme obscur, plein d'amour-
propre & de sottes inclinations, il a eu
l'art de la donner pour un traité de la morale, pour un cours d'instruction. Chacun
trouve dans son livre le développement de
tout ce qu'il éprouve de mauvaises dispo-
sitions, la lâcheté, la pusillanimité, la pa-

reffe , & fur-tout la vanité y jouent un rôle confidérable , & chacun dit, me voilà bien , c'eft bien-là ce que je fuis : le fameux Montagne étoit comme moi : c'eft-là l'homme par excellence. J'ai bien tous les défauts de Montagne : il n'eft queftion que d'en convenir élégamment , voilà en quoi confifte l'humaine perfe&ion.

Je conviens avec Montagne & avec fes fe&ateurs, qu'il eft vrai que nous avons le germe de tous les vices , mais nous avons auffi le germe de toutes les vertus ; & ce ne font pas les vices qu'il faut qu'un philofophe mette complaifamment en jeu , mais les vertus. Nous n'avons pas befoin d'appui pour courir au vice : la la nature dépravée ne nous en montre que trop le chemin : nous avons befoin qu'on nous aide pour aller à la vertu qui tient à une nature plus épurée, plus embellie, qui eft le fruit de la réflexion, & qui contrarie les paffions brutales , toujours les premieres à fe préfenter. Il faut

faut par des defcriptions heureufes pouf-
fer les fentiments de ce côté ; mais dans
tout Montagne la vertu eft en précepte,
& le vice eft en action. Les préceptes
font fecs & s'oublient : les faits vivement
narrés pénétrent & s'impriment. Ainfi le
réfultat de toute fa philofophie, eft de
rendre l'homme plus vain & plus mé-
chant, & de lui apprendre à fe juftifier
de fes foibleffes, & à donner une tournure agréable à tous fes défauts : ce qui
eft la deftruction de toute morale, &
l'antipode de la vertu.

C'eft une chofe bien utile à remarquer que l'effet du livre de Montagne,
combien il eft artificieufement tiffu ;
comment l'expreffion y détourne de la
penfée, & par quel chemin femé de fleurs,
il vous mene très-loin du but moral qu'il
fembloit d'abord vous propofer. Plus
armé contre fon fyftême que ceux qui
le lifent communément, je me fouviens
qu'à la fin de fon livre, lorfque j'étois le
plus irrité contre fes principes & contre

fa maniere captieufe de les inculquer , il m'a encore joué le tour de fe faire aimer, par le récit de fes foins pour échapper avec fa famille à la contagion qui affligea la France de fon temps. Cette diverfion qui le rend intéreffant & à plain-dre, dénoue fon livre fi heureufement qu'il n'eft pas poffible que le lecteur penfe aux dangers qui réfultent de fa philofo-phie. Il acheve par-là de lui dérober la vue de fon artifice : & il le laiffe imbu de fentiments très-malhonnêtes, & capable en même temps de toutes fortes de faux raifonnements pour les appuyer.

Sur le plus beau trône du monde, dit Montagne, & je rougis en vérité de faire une telle citation, mais la célé-brité de Montagne m'excufe » fur le plus beau trône du monde, vous n'y êtes affis que fur votre cul. La belle philo-fophie ! le beau motif d'égalité ! Les plus grands hommes comme les plus vils, les plus vertueux comme les plus fcélérats, les plus qualifiés comme les plus dégradés, ont ce qu'il dit là, & s'en fervent auffi pour s'affeoir : ce n'eft pas une raifon pour les rapprocher. On n'envifage rien par de femblables côtés. Convenez que cela n'eft que gai & bifarre, & point du tout moral. Montagne eft tout rempli de traits pareils qui divertiffent l'efprit, & qui choquent le bon fens.

Port Royal a réfuté Montagne. Mais la févérité de Port Royal n'a pu triompher de l'amabilité de notre écrivain gafcon. L'élégance des formes l'a emporté fur la folidité du fond : je crois qu'en avertiffant le public de fa rufe, on met autant qu'il faut le lecteur en état de s'en garantir. Il eft à portée d'en faire lui-même une critique jufte : tout le charme tombe : on voit alors avec plaifir ce que l'ouvrage a d'agréable, fans être atteint par ce qu'il a de dangereux : & on le lit comme l'hiftoire amufante d'un fat, plein d'idées immorales & libertines, rempli de génie & de goût dans l'expreffion.

Montefquieu dans fon Efprit des Loix, a très-fouvent tort & n'a point d'ordre. M. Linguet qui le réfute dans fa Théorie des Loix a fouvent raifon, & n'eft point fans méthode. Cependant le livre de Montefquieu fera éternellement admiré, le livre de Montefquieu plaît, éleve, inftruit, celui de M. Linguet a rebuté tout le monde & a fini par tomber dans le mépris. Pourquoi cela ? C'eft parce que le ftyle de Montefquieue eft noble, original, vafte, quoi qu'incorrect & dur, & que le ftyle de la Théorie des Loix eft petit, commun, fouvent groffier & indécent, infultant plutôt que hardi, licentieux plutôt que libre, & fur-tout fans égards pour le lecteur qu'il femble vouloir perfuader à coups de poings.

J'ai blâmé quelquefois Montefquieu dans mon Difcours fur les ufages, mais je ferois bien fâché de ne pas lui reconnoître avec tout l'univers un mérite infini. Il veut dans fa préface qu'on ne lui admette aucun détail, fi l'on n'adopte pas son syſtême entier. Je fais comme tous ſes lecteurs, je rejette ſa demande & je reſpecte ſon intention. J'admire ſes détails, parce qu'ils ſont beaux & vrais ; je rejette ſon ſyſtême, parce qu'il eſt faux, & inſoutenable. Monteſquieu nous fournit peut - être un des plus grands exemples de la vérité que je vous déve-loppe ici, & prouve combien le ton dont on dit les choſes a d'influence & d'empire ſur les eſprits.

Jean-Jacques Rouſſeau dans ſon traité du poliſinodiſme a l'intention d'être utile au Gouvernement Monarchique, mais il n'y procede point qu'au préalable il n'ait débité cinq ou ſix pages d'inſolences contre les Miniſtres Monarchiques, de ſorte que tout l'intérêt eſt détruit avant qu'on ſoit entré en matiere, & que le lecteur ne ſe ſoucie plus de ſçavoir ce que l'on peut conſeiller à des gens bien moins dignes d'être ſoutenus que con-fondus & exterminés. Ce n'eſt point ainſi que l'on ramene les hommes à la raifon ; l'on peut dire que de pareils difcours vont directement contre leurs fins, & montrent que tout en prêchant l'ordre, un homme d'efprit peut très-efficacement femer tous les germes du défordre.

Un prédicateur qui en exhortant à la continence, feroit des peintures féduifantes des actes les plus voluptueux, qui n'en parleroit qu'en termes capables de réveiller les idées du plaifir, auroit beau les défendre par le précepte & par le raifonnement, il laifferoit l'imagination de fes auditeurs pleine d'appétit pour les objets défendus, & leur efprit abfolument vuide des confeils qu'il leur auroit donnés pour les éviter. Parce que l'imagination & le fentiment trop excités ôtent tout leur effet à la réflexion & au raifonnement, & que pour arriver, en parlant, au but qu'on fe propofe, il faut appuyer par le fentiment ce que l'on prouve par le raifonnement, & ne jamais détruire ou affoiblir par l'un, ce que l'on veut édifier par l'autre.

Et cet enfemble dans ceux qui parlent bien n'eft pas un artifice, mais l'effet d'un efprit vrai, d'un cœur droit. Le contraire dans les autres eft l'effet ou de l'ineptie, ou de la malice, ou tout fimplement d'une mauvaife inclination à laquelle ils ne penfent point.

Rouffeau dans fon Contrat Social eft contraire aux Etats Monarchiques ; ici c'eft fon deffein, & les mots & les chofes n'y ont point une différente direction. Mais ce livre qui eft plein de propos âcres contre les Monarchies & d'éloges des Démocraties, ne doit rien prouver autre aux hommes fenfés, finon que le même écrivain auroit pu mettre fon lecteur dans une difpofition toute contraire, s'il eût, avec un cœur pénétré, fait pour les Monarchies, ce qu'il a fait pour les Républiques. Et tout cela n'eût dépendu que de la maniere dont il eût exprimé les mêmes chofes.

Les écrivains qui ont fuivi Jean-Jacques Rouffeau & en général tous les

gens de lettres qui ont trop médité les
ouvrages de l'antiquité affichent le mépris pour les Monarchies, & une estime
trop partiale pour les Républiques. Il
est vrai que tous les chefs-d'œuvres anti-
ques qui nous sont parvenus sont sortis
des Républiques , & que les esprits
accoutumés à les étudier doivent naturellement conserver l'impression de
l'admiration pour ce qui les a produits.
Les jeunes gens en sortant des colleges
sont imbus de ces préventions, & quand
ils s'avancent vers les emplois civils ,
ils peuvent d'autant moins concilier cette
emphase dont ils sont pleins , avec les
devoirs plus tranquilles de l'état Monarchique; ils peuvent, dis-je , d'autant
moins la concilier, qu'ils ne trouvent
aucun ouvrage qui les instruise de la
différence , aucun qui les avertisse que
nous valons autant dans une autre maniere , aucun qui leur mette devant les
yeux, les succès , les avantages , les
chefs-d'œuvres dans tous les genres que

seuls

feuls de tous les peuples Monarchiques, nous oppofons à toutes les Républiques de l'antiquité.

Dans fon hiftoire des établiffements des Européens dans les deux Indes, M. de R. . . . . . pouffe la partialité pour les Républiques jufqu'au fanatifme & à la fureur. Il ne va pas moins qu'à faper par-tout le trône & l'autel. Ce livre, d'ailleurs intéreffant par fes defcriptions, a altéré dans tous les cœurs l'amour pour les Gouvernements Monarchiques, y a renforcé les prétentions pour les états Républicains, & prefque toute la magie de ce livre eft dans les mots & dans le retour continuel d'expreffions véhémentes & emportées, placées dans des moments, où il a ému par quelque fait particulier, qui ne conclud rien pour le général.

Mais fi nous avions en effet le génie Républicain, pourquoi n'avons nous pas eu dans l'univers étant républiques, la prépondérance que nous y avons obtenue dès que nous avons été Monarchies? Nos Gouvernemens Gaulois étoient Républicains : nous vivions fous une de ces inftitutions fédératives que Rouffeau vante fi fort : pourquoi dans la fuperbe pofition, où nous étions alors comme aujoud'hui, n'avons nous pas été ce que les Grecs, ce que les Romains ont été ? Nous nous fommes, il eft vrai, toujours montrés libres & guerriers, parce que cela tient à notre caractere ; mais fans civilifation, fans influence, fans confidération, fans force politique, & pour tout mérite, de braves barbares. Nous n'avons pas été plutôt réunis fous un Roi, que nous fommes devenus le premier peuple de l'Europe & du monde, nous avons fait reculer & finir l'empire Romain, confumé l'empire Grec, fait éclore autour de nous des puiffances que notre propre force a confolidées, & nous fommes devenus le plus généreux, le plus grand, le plus fûr, & par le laps du temps, le plus ancien des Gouvernemens.

M. d'Argenſon, dans ſes conſidérations ſur le Gouvernement Français , M. d'Argenſon, ſujet fidele, bon citoyen, Miniſtre habile, écrivain paſſable, a fait un tort infini à l'adminiſtration Françaiſe, par la maniere dont il a préſenté ſes idées. Il prêche le reſpeâ pour le Gouvernement, il en inſpire le mépris. Son diſcours rend odieux ce que ſes projets voudroient faire honorer. Je vais vous citer quelques traits où cette maniere ſe fait remarquer.

Il dit pag. 34. *Les Miniſtres choiſis par le Monarque ſeul ont ordinairement les défauts de leur commettant: ils s'occupent plus du maintien de leur autorité que du bien général.* Cette diſpoſition dans les Miniſtres eſt un devoir, puiſque le bien général eſt ſur-tout dans le maintien de l'autorité. Mais il faut fronder. On choiſit des penſées qui y prêtent, la tournure de l'expreſſion fait le reſte.

Page 118. *Par la ſuite le Gouvernement Militaire a dégénéré en France en Gouver-*

nement Financier........ On abandonna d'abord la finance aux Juifs, gens méprisés & abhorrés, tandis que les Financiers font aujourd'hui nos véritables Magiftrats. Cela eft radicalement faux. d'ailleurs pourquoi rendre odieufe une profeffion néceffaire? Les Financiers étoient odieux quand ils étoient odieux, aujourd'hui qu'ils ne le font plus, ce n'eft pas à M. d'Argenfon à vouloir redonner cours à ce défordre par fes exhortations.

Page 125. *Les Monarques........ ne font pas encore confifter leur gloire à faire le bonheur de leurs fujets, mais feulement à les affujettir pleinement.* Le Gouvernement Républicain affujettit auffi pleinement les Peuples. On ne peut rien faire avec une autorité partagée : mais il faut rendre odieux les Monarques.

Page 145. *Cependant les Cours de nos Rois ont encore confervé un des inconvénients des anciennes : on s'empreffe de s'y rendre, & on s'y ruine, dans l'efpoir,* quelquefois trompeur, de s'y accréditer. Où iroient donc les grands fi ce n'eft à la Cour ? M. d'Argenfon voudroit-il qu'ils reftaffent chez eux , à mourir d'ennuis , à fomenter des divifions , ou que les Cours étrangeres, plus brillantes, les attiraffent ? La Cour eft leur élément naturel. Les grands font faits pour les grands emplois. Quand ils les follicitent & les obtiennent à la Cour, cela eft jufte. Au refte il y en a mille qui paffent toute leur vie à la Cour par choix & par goût, & qui n'y ont jamais rien obtenu, ni rien demandé.

Page 147. *Aux Affemblées auguftes des Etats - Généraux a fuccédé l'aigreur importune des Parlements , compofées de Magiftrats qui apprennent aux Peuples qu'ils font efclaves fans pouvoir en rien diminuer le poids de leurs chaînes.* Quelle âcre & infultante propofition ! Elle porte à faux fi complettement qu'elle ne bleffe plus, mais l'hiftoire ne nous montre aucune Affemblée d'Etats Généraux qui ait eu d'heureux effets. Les Parlements n'ont d'aigreur importune que pour les Miniſtres qui compromettent le Roi : nous ſommes bien plus libres depuis qu'ils défendent l'intérêt du Prince & des Citoyens, & le poids des chaînes n'eſt qu'un mot odieux & déplacé.

Page idem. *Le réſultat de ces contra-dictions inſuffiſantes a été une maniere de lever les ſubſides la plus fâcheuſe qu'on puiſſe imaginer. On négocie en finance comme en politique avec des gens qui ſe chargent de vexer les Peuples au nom du Roi, de la maniere la plus lucrative, & qui en même temps faſſe le moins crier. Les artiſans de cette manœuvre étoient connns pendant le dernier ſiecle ſous les noms odieux de Traitants, Maltotiers, aujourd'hui cela s'appelle des Financiers.* Voilà bien du fiel & de l'aigreur. M. d'Argenſon fait ici ce que M. de Mon-teſquieu dit que font les Médecins dans leurs livres. Il nous fait trembler quand il exagere nos maux, comme s'ils étoient tous extrêmes, pour nous raſſurer quand il parlera de ſes moyens de guérir, comme ſi nous allions devenir de purs eſprits. Mais il me ſemble qu'on pourroit être moins amer, ne pas ſuppoſer des intentions ſi méchantes, ſi baſſes, & ſi inutiles à l'adminiſtration. Je trouverois au contraire que les ménagements qu'elle eſt obligée de prendre en cela prouvent notre force & notre liberté. Toute prévention ceſſante, il faut des ſubſides enfin, & il n'y a pas de peuple à qui on ait donné plus de recours contre les Traitants.

Page 149. *Il eſt étonnant que l'on ait accordé une approbation générale au livre intitulé le Teſtament Politique du Cardinal de Richelieu, ouvrage de quelque mauvais Commis, &c.* Parole indécente, ton malhonnête, air léger, & qui ne prouve rien. Mais on parle comme on raiſonne. Mauvais Commis, qu'en ſçavoit-il? Cet homme ne pouvoit-il pas être bon Commis, quoique mauvais Ecrivain? Je n'ai pas vû écrire le Teſtament à Richelieu, & j'y trouve des endroits embarraſſés, mais cet ouvrage eſt grand, il rappelle de grands objets, il n'y a pas un homme en place qui ne le liſe avec fruit, il ſera toujours eſtimé des gens raiſonnables parce qu'il édifie, & celui de M. d'Argenſon en ſera toujours rejetté parce qu'il détruit.

Page 149. *La vénalité des Offices ſemblable à un principe de corruption qui infecte toute la maſſe du ſang, a détruit en France toute idée du Gouvernement populaire.* Je vois tout le contraire : elle a rendu les places acceſſibles au tiers-état, & comme elle ſuppoſe des richeſſes & des moyens, elle y a mis, pour la plupart, des gens inſtruits & élevés libéralement. Qu'on les mette en commiſſion, on ouvrira une porte de plus à l'intrigue. On avoit des gens riches, on aura des gens à enrichir.

Page 151. *La vénalité des charges a la plus baſſe de toutes les origines, l'avarice,*
l'argent,

l'argent, *la cupidité*. Elle a , selon moi , pour origine le besoin de subsides , & l'envie d'en lever sans gêner les peuples. Elle forme un lien de plus pour assurer l'inamovibilité des charges qui en sont susceptibles. M. d'Argenson ne seroit-il pas croire à ce langage qu'en vendant l'Office on vend la Justice.

Page 161. *Les peuples sont soumis au point de n'avoir pas la force de connoître où sont leurs véritables intéréts. Ils baisent les fers dont ils sont enchaînés , ou gémissent sans faire aucuns efforts pour s'en débarrasser.* Discours digne des Gracques. Tocsin de révolte. C'est par ces encouragements séditieux que nous sommes arrivés au point de désordre où nous sommes. Heureusement cela est encore plus faux que mordant ; plus absurde qu'insultant.

Page 165. *On pourroit dire que le Monarque ne songe qu'à avoir de l'argent , puisqu'il ne voit le bonheur de ses Sujets que par les yeux de son grand Trésorier,*

D

Nouveau trait acerbe contre la Royauté; la même chose n'arrive-t-elle pas sous les Républiques. Il n'y avoit qu'un cri contre l'avarice des Romains, & les Républiques, quoi qu'on en dise, sont à cet égard plus tenaces que les Rois. Mais cela est faux à notre égard. Les premiers soins du Roi sont pour l'administration de la justice & l'ordre civil; viennent ensuite les affaires étrangeres, l'affaire des finances n'arrive qu'après. Et le peuple Français a plus de moyens de résistance à cet égard, qu'aucune République.

Page 181. *Il faudroit..... que le public fût admis autant qu'il se peut dans le Gouvernement du public.* Comme cette tournure est maligne & satyrique! Ne sembleroit-il pas, au dire de M. d'Argenson, que le Roi nous donne pour Magistrats des Bulgares, des Ragusois?

Page idem. *Mais il faudroit des ames fermes, & des cœurs purs pour se conduire conforméme nt à des vues si désirables*

Oui, il faudra faire des cœurs purs, des ames fermes pour exécuter les fyftêmes de M. d'Argenfon. En attendant, comme on n'en a pas toujours, il doit trouver bon qu'on s'en tienne à un Gouvernement qui ait de l'enfemble, de la force, & qui ne foit point romanefque. On voit que les gens d'efprit quelquefois font niais. Si l'on avoit à fon gré des cœurs purs & des gens de bon fens, on n'auroit pas befoin de loix.

Page 184. *L'intérêt du fifc n'eft que trop favorifé par les gens de Cour à qui on le confie.* Cela eft faux & très-faux, & toute la France en eft témoin. Les gens de la Cour ne fe mêlent pas de l'intérêt du fifc.

Page 249. *Quand le Roi paroît s'en rapporter à fes peuples, on voit bien qu'il eft le chien du troupeau, & on ne le foupçonne pas d'en être le loup.* Je vous prie de me dire, fi cette tournure ne vous fixe pas plutôt fur l'idée du loup que fur celle du chien. Comme M. d'Argenſon rend l'autorité aimable ! Tel eſt l'effet de l'expreſſion : les anciens appelloient cela *nomina male ominata* , des mots de mauvaiſe augure, que les Ecrivains polis avoient ſoin d'éviter.

Page 251. *La France eſt peut-être le ſeul des États Chrétiens où la police ſoit entiérement confiée à des Officiers Royaux qui ne répondent de rien aux peuples, & qui inſultent plutôt qu'ils ne défèrent à leurs plaintes.* Je n'ai point apperçu cela, & tout au contraire lorſqu'un Magiſtrat quelconque , a contre lui la voix publique, j'ai aſſez vu qu'il eſt dénoncé, pourſuivi, déplacé, & que, juſtifié ou non, juſtement ou injuſtement attaqué, il finit par être un homme perdu. Quand M. d'Argenſon a dit cela, il étoit plus rempli des converſations des beaux eſprits frondeurs, que des choſes.

Page idem. *Lorſqu'on voyage ſur nos frontieres, il eſt inutile de demander où finit le territoire de France : l'état des chemins & de tout ce qui eſt au public en fait aſſez appercevoir.* Oui par le mieux qu'on voit par-tout : mais ce n'eſt pas ce que prétend M. d'Argenſon. L'Empereur Joſeph II, répond à cet article. Ce Prince en parcourant la France ne s'eſt point laſſé d'admirer nos chemins & nos ouvrages publics. A la vue du Canal de Picardie ce Prince s'eſt récrié qu'il s'eſtimoit davantage d'être homme depuis qu'il avoit vu un pareil ouvrage. Les grandes choſes en font penſer, en font dire de grandes aux grands hommes : les ſatyres déplacées rapetiſſent & indignent.

Page 258. *Nous nous entêtons pour nos maux. Un grand bruit de chaînes nous étourdit : une vapeur nous offuſque.* Je crois qu'il n'y a ici de vapeur que dans la tête de l'Auteur, ébloui de la puiſſance où il eſt parvenu, qui voit tout perdu, & qui veut que tout ſoit perdu, que tout ſoit avili, ſi l'on n'adopte pas ſes plans. Si je voulois pouſſer plus loin l'examen du livre de M. d'Argenſon, je vous prouverois toujours davantage combien l'Auteur étoit au fonds mal difpofé, combien il étoit dupe de fon propre fens, combien il eft offenfant pour la nation, combien fes idées font loin de nous être favorables. Mais en voilà affez pour mon fujet. Le livre de M. d'Argenfon eft de quelques mauvais Commis, ou il faut convenir que tel fe foutient dans le cabinet à l'ombre de l'autorité, qui devient bien peu de chofe, quand dénué de tout fon appareil, il ofe fe préfenter feul avec fes propres forces devant le public.

Ce livre de M. d'Argenfon étoit très - rare : le Gouvernement l'avoit étouffé; mais il a fermenté dans quelques cabinets : où il a renforcé l'efprit frondeur, & c'eft lui qui a enfin produit tous les défordres où nous nous voyons. Mieux eût valu fans doute le laiffer circuler : il auroit mûri : il auroit été réfuté; & nous ferions tranquilles. Enfin l'efprit de renverfement qui a voulu s'étayer de l'autorité de M. d'Argenfon a fait faire une nouvelle édition de cet ouvrage; il commence à être commun. Et fi lorfque je l'ai vu il y a quelques mois, je me suis applaudi de me rencontrer quelquefois avec cet homme d'esprit , quoique sans génie, sans profondeur & sans critique, si je lui admets , malgré son fiel, quelques idées heureuses, je ne sçaurois lui passer ses étranges & dangereuses erreurs.

Celle , entre autres, des Assemblées Provinciales , peut causer dans un temps où tous les esprits sont inquiets & échauffés , peut causer la subversion totale de la Monarchie. Je pense bien , comme M. d'Argenson, que le plus ferme appui de l'autorité d'un Roi est l'égalité des citoyens , & que la Démocratie n'est point contraire à la Monarchie. Mais je pense qu'il ne faut point que cette Démocratie soit nouée , soit composée réguliérement, qu'elle ait des Assemblées , sans quoi il y a deux puissances , deux administrations, deux autorités dans l'Etat. Il faut seulement que le suffrage de tous , que l'opinion publique domine. Quand on

a un Roi, il faut néceffairement le rendre
maître de tout le Gouvernement : fon intérêt bien entendu fait qu'il fe porte enfuite
à ce qui convient au plus grand nombre,
& qu'il fuit en tout la voix publique.
Tout le refte n'eft qu'entraves, divifion,
moyens de réfiftance au bien , point
d'appui pour les partis. Je l'ai dit & ne
cefferai de le redire jufqu'à ce qu'on
l'ait bien entendu. Le peuple a des Parlements qui ont bien mérité de la Patrie ,
qui défendent fous fes yeux & avec fuite
fes intérêts , & il fçait bien avertir lui-
même de ce qui lui déplaît. Il n'a pas befoin d'affembler quelques brouillons pour
le repréfenter , car tous les gens prudents
fuiront ces fonctions éphémeres. Mais re-
venons aux divers effets des expreffions.

J'ai fous les yeux le livre de M. le
C. de G. fur la Tactique. Celui-ci a
certainement l'intention excellente, &
fon Difcours eft toujours relatif à fon
objet ; mais je vois ici un autre excès :
à force d'intention , il manque fon effet :

fes

fes efforts vont contre fes fins : plus il s'échauffe , plus fon lecteur refte froid ; parce que fa chaleur manque de naturel. Il eft chaud , parce qu'il veut être échauffé & non point parce qu'il brûle. Ouvrons le livre & prouvons ceci.

On voit d'abord une Epitre Dédica-toire, *à ma Patrie*. Qu'eft-ce qu'une Epitre Dédicatoire ? Où voit-on des Epitres Dédicatoires ? Et quel étrange fervice à propofer à la Patrie, que celui de l'affu-bler d'une Epitre Dédicatoire ? Mais paf-fons. *Dédier mon Ouvrage à ma Patrie , c'eft le confacrer au Roi qui en eft le pere , aux Miniftres qui en font les adminiftra-teurs , à tous les ordres de l'Etat qui en font les membres, à tous les Français qui en font les enfants.* Tout cela rentre l'un dans l'autre, ne dit rien du tout, & ne montre qu'une envie de parler grande-ment qui va toujours en avortant. Tout cela ne fait point d'effet : les idées ne répon-dent point à l'emphafe de tant de grands mots raffemblés. Suivons. *Eh ! puiffe-*

t-on rendre un jour à ce saint nom de Patrie toute sa signification & son énergie ? Puissent à la fois le maître & les sujets, les grands & les petits, &c. Quel mouvement, quelle fougue ! Ici le lecteur se tient en garde : il se retranche : il s'éloigne de l'Orateur : il est fâché de lui voir faire tant d'efforts pour l'amener à un sentiment auquel il est naturellement disposé : il lui déplaît de voir souffler si fort pour allumer dans les cœurs le feu de l'amour de la Patrie. Ce ton apostolique ne lui paroît point ensemble avec la tranquillité des choses. Il croit que c'est avoir mauvaise opinion de lui que de se tourmenter ainsi, tandis que le moment n'est pas autrement pressant. Et l'effet va toujours en sens contraire de l'intention de l'Auteur, parce qu'on apperçoit trop qu'il n'y a que lui en peine.

M. le C. de G. déclame encore beaucoup sur l'amour de la Patrie, & finit son Epitre par demander qu'on le plaigne, & par dire que *le délire d'un citoyen qui rêve au bonheur de fa Patrie a quelque chofe de refpectable.* Je crois, pour moi, que le délire eft toujours fâcheux; & que quand on fe doûte de délirer dans une matiere auffi grave, il faut ne rien dire, fi l'on peut. Ces paroles vont encore contre leurs fins.

Au premier feuillet du livre je trouve ces mots; *Convenons que nos Richelieu, nos Colbert, nos d'Offat, nos d'Eshades ne peuvent fe comparer aux Licurgue aux Périclés, aux Numa, &c.* Ici je vois nonfeulement que l'expreffion qui abaiffe la nation, va contre le but de l'Auteur qui feroit de l'honorer, mais je vois encore dans les chofes un léger défaut de jugement. On ne compare point ce qui n'a aucun rapport. Les Licurgue & les Numa étoient de grands fondateurs de peuples, les d'Offat, les Richelieu, les Colbert, ont été de parfaits coopérateurs d'adminiftration. Ce qui eft excellent en foi eft excellent, & ne peut point être rabaissé par l'opposition de ce qui est d'une autre espece. De pareils approchements ne concluent rien & ne servent qu'à faire extravaguer les gens qui ont l'esprit faux. On ne peut comparer les Licurgue & les Numa qu'aux Minos, aux Mahomet, non aux habiles Ministres d'un Royaume régulier. Nos mœurs d'ailleurs ne comportent pas l'apparition de personnages du genre des Licurgue. Nous nous mocquerions d'eux très-sûrement ; notre gravité ne seroit point assez robuste pour tenir long-temps devant leur haute existence. Leurs institutions nous paroîtroient des caricatures. Sans être du même genre, jusqu'à présent nous nous sommes passablement montrés. Toutes les histoires font mention de nos guerres. Nous avons enseigné la tactique à tous les peuples du monde, aux Romains même : & quoi qu'en dise M. le C. de G..... il n'y a pas d'apparence qu'aucun personnage de l'espece de ceux qu'il admire à nos dépens, fasse jamais fortune chez nous.

Et pourquoi en effet nous oppofer des Licurgue & des Solon , des Créateurs, des Légiſlateurs , que notre caractere ne peut pas produire , & qu'il pourroit encore moins endurer ? La France s'eſt enfantée elle-même , & n'a point été formée par une main particuliere ; elle ne porte point ſur l'intelligence de tel ou tel homme , mais ſur la ſienne propre. Son exiſtence eſt le réſultat du bon ſens de tous , du courage de tous , de la vertu de tous. Sa conſervation doit être également l'ouvrage de tous. Elle n'a beſoin ni de réformateurs , ni d'inſtituteurs , il ne lui faut que des ſerviteurs. Que chacun faſſe ſon devoir ſelon l'ordre établi : voilà la meilleure des reſtaurations , le plus avantageux des changements , la plus belle des innovations.

Je laiſſe-là le livre de M. de G. qui eſt tout ſur ce ton , dont l'expreſſion a un effet humiliant pour nous , & qui ſous prétexte de nous rendre plus grands dans l'avenir par ſon intelligence & par ſes conſeils, nous fait auſſi trop petits dans le paſſé & dans le préſent.

C'eſt une choſe inouie que l'effet de la ſimple expreſſion ſur les eſprits. Un fait arrivé l'année derniere va nous montrer combien il eſt grand, lorſque cette expreſſion eſt juſte & bien appropriée. Il parut dans le public un Mémoire ſur trois hommes condamnés au dernier ſupplice, qu'on prétendoit innocents. Ce Mémoire commençoit ainſi. *Le 11 Août 1785, une Sentence du Baillage de Chaumont a déclaré trois accuſés convaincus de vols nocturnes & les a condamnés, &c. Ils étoient innocents. Que les cœurs ſenſibles ſe raſſurent : ces trois innocents reſpirent.* Tout le reſte du Mémoire, étoit déclamatoire, mal tiſſu, mal écrit, ne valoit rien. Mais ce début ſi ſimple. *Une Sentence, &c.* Cet avertiſſement ſi naïf & ſi touchant. *Ils étoient innocents :* ce mouvement ſi véhément qui ſemble ne ſe hâter point encore aſſez pour calmer l'émotion, pour tranquilliſer les ames

honnêtes qu'une telle injuſtice a dû ré-
volter. *Que les cœurs ſenſibles ſe raſſurent : ces trois innocents reſpirent.* Ces
quatre lignes firent une telle impreſſion
que tout le Mémoire fut admiré. Il ne
fut plus poſſible de l'examiner. Tout ce
qui développoit un fait annoncé d'une
maniere auſſi vive , auſſi touchante, exci-
toit l'intérêt & la ſenſibilité. La commotion fut générale. En vain M. Séguier
développoit-il , dans un Réquiſitoire
très-noble & très-éloquent, les principes
& les faits , le Réquiſitoire fut reçu
avec indifférence : le Mémoire fut porté
aux nues. On ne voyoit plus dans tous
les condamnés que des innocents : dans
tous les Juges que des prévaricateurs. On
crioit par-tout *Tolle.* Il falloit faire un
nouveau code criminel : l'ancien avoit
cent abus ; le nouveau en auroit eu
mille : n'importe : quand on eſt ému ,
on ne raiſonne point. Il falloit tout re-
faire , tout renverſer, & tout cela étoit
l'effet de quatre lignes vraiment ſublimes.

Qui eût ôté du Mémoire ces quatre lignes, l'auroit réduit à la condition d'un
Mémoire obfcur du Palais ; & tout ce
qui depuis a été écrit dans cette affaire
n'a fait aucune fenfation. Voilà l'exem-
ple d'un effet qui a été bien au-delà de
fa caufe, puifqu'il a été acquis avant que
le fait fût prouvé.

Dans mon Difcours fur les Ufages
j'avois dit « *fous le Gouvernement féo-*
dal les habitants des villes & ceux des
châteaux, fans ceffe en guerre ou en con-
teftation, fe regardoient comme ennemis,
& s'infultoient réciproquement par des qua-
lifications outrageantes. Aujourd'hui tous
les citoyens de la France, réunis fous
une autorité plus forte & plus réglée, fe
regardent comme enfants de la même fa-
mille, & ne difputent plus, fi ce n'eft à
qui fe rendra plus utile à fon pays. On
voit dans les deux textes prefque les
mêmes idées & les mêmes expreffions ;
mais elles partent d'un principe bien
différent, & elles ont un effet tout op-
pofé.

poſé. Il réſulte entre autres de ce que
dit M. de B..... que le Tiers-État n'eſt
qu'un objet acceſſoire ; il réſulte de ce
que je dis qu'il eſt aujourd'hui regardé
avec juſtice comme objet principal. Cette
différence vient de ce que nous avons
conçu tous deux le Tiers-État différem-
ment. M. de B..... ne l'a apperçu que
comme un amas de pauvreteux qui attend
que le Clergé & la Nobleſſe lui tende
une main ſecourable. Moi je l'ai vu
comme poſſédant tous les biens en ro-
ture du Royaume, toutes les maiſons
des grandes villes, toutes les richeſſes
mobiliaires, tout le commerce, toute
l'agriculture, tous les arts, & la meilleure part de l'intelligence & de la vertu
du Royaume ; je l'ai vu comme l'ami
& le confrere de la Nobleſſe, comme
intimement lié avec elle par les mêmes
intérêts, les mêmes droits, les mêmes
inclinations, le même but ; & par mille
relations réciproques. Je l'ai vu comme
l'appui de la Monarchie par les immen-

F

ſes ſubſides que lui procure. ſon induſ-trie , je l'ai vu comme le maître de l'opinion publique par ſa nombreuſe po-pulation, comme le frein des grands & des petits par ſes mœurs. M. de B.... qui eſt un grand Seigneur, a vu les gens du Tiers-État dans ſon antichambre : moi qui ſuis un homme obſcur, je les ai vus chez eux. Telle eſt la cauſe de l'effet différent des mêmes idées & des mêmes expreſſions dans les deux Diſcours. Ceci au reſte n'eſt qu'une ſimple diſcuſſion Littéraire, trop viſiblement autoriſée par les libertés Gallicanes, pour que j'entre-prenne ici de la juſtifier. Je ne ferai point à un miniſtere qui doit aimer à entendre la vérité, je ne lui ferai point l'injuſtice de le croire capable de s'en offenſer.

Il y a auſſi des écrits qui tirent beau-coup de force & d'effet des circonſtan-ces, lorſque l'expreſſion y eſt analogue. M. C. de B...... pendant la tenue du Parlement intermédiaire, a par cet artifice donné au public pour des chef-d'œuvres

trois ou quatres Mémoires très-médio-
cres contre M. G... n. M. de B.....
il n'eſt cependant ni plaiſant, ni homme
de Lettres, ni Juriſconſulte, ni Logi-
cien ; mais il a beaucoup d'adreſſe &
d'eſprit comme homme du monde, &
il a habilement tiré à lui par ſa maniere
d'exprimer ſa défenſe, ce qui étoit la
cauſe de tous : il a, pour ainſi dire, ſçu
mettre avec lui dans la balance toute
la choſe publique. Aujourd'hui les mêmes
Mémoires qui ont fait tant de ſenſation
ſeroient à coup ſûr ſans effet, pour ne
rien dire de plus.

C'eſt ainſi qu'en a agi M. N.....
qu'on peut appeller à juſte titre le Bre-
beuf de la politique. M. N..... après
avoir, par différentes manœuvres, fixé
ſur lui l'attention pendant ſon miniſtere,
a jetté abondamment dans le public trois
volumes de notes ſur les détails de l'Adminiſtration. Il a très-habilement profité
du branle qu'il avoit donné aux eſprits
pour faire accueillir un ouvrage plein de

fes fauffes vues & de fes faux calculs, où l'orgueil eft donné pour de la No-bleffe, l'embarras des penfées pour de la profondeur, la bouffiffure pour de l'élé-vation, un égoïfme outré pour l'amour du bien public, il s'eft par-là pendant quelque temps rendu maître de l'opinion, ne pouvant plus l'être des chofes. Il avoit fi bien tout préparé pour les faits précé-dents, que fon ftratagême a eu le plus grands fuccès : il eft devenu le Saint d'un parti. La commotion eft donnée : les gens compétents ont beau le juger; les provinciaux n'en renviendront pas. Le voile de l'Adminiftration qu'il a dé-chiré à leurs yeux, ce voile qui couvroit tant de fautes, mais auffi tant de reffour-ces, ce voile qui entretenoit la crainte chez l'étranger & le refpect chez nous, ce voile levé par fes mains indifcretes lui a fait autant de partifans qu'il y a en France de frondeurs, de mécontents & d'efprits inquiets. Dix ans plus tard fon livre n'eût produit d'autre effet que l'en-nui & le dégoût.

Vous fçavez, Monfieur, que loin d'avoir rien tiré des circonftances, mon Difcours les a eu toutes contre lui. Rien dans fon expreffion n'eft analogue au moment : tout eft relatif à la chofe. Dire que tout eft bien, à quelques abus près, lorfqu'on veut tout renverfer, & tout détruire, quelle mal-adreffe ! quel crime ! comment tenir contre une pareille difpofition avec un pareil fyftême ? Ce fera au fonds des chofes à me foutenir, lorfque tous leurs alentours font contre moi. Peut-être que la fimplicité même de mon expreffion me fera trouver grace devant les plus emportés. La candeur, la vérité & le défintéreffement avec lefquels je leur ai parlé, triompheront tôt ou tard de leur prévention : & malgré mon incohérence avec les événements, les retours d'un peuple intelligent font fi prompts, que je n'aurai peut-être pas compté en vain fur la juftice & le bon fens de mes concitoyens.

Vous avez vu, Monfieur, les Difcours

très-pathétiques que M. de C. : . . . . .
a débités pour faire affujettir à l'impôt
les parcs & les immenfes jardins de plai-
fance. Ils ont fouffert mille répliques,
avant d'être admis. C'eft parce qu'on
trouvoit dans ces Difcours toutes fortes
de chofes ingénieufes, excepté les mo-
tifs déterminants, ou qu'ils y étoient
noyés dans les mots. Ce que la juftice
exigeoit, ce que la bonne politique
ordonnoit à cet égard, n'y étoit point
rendu fenfible. On n'y voyoit que l'envie de faire payer. Je n'ai écrit là-deffus
que dix lignes dans mon Difcours fur nos
Ufages ; mais leur effet eft certain, &
l'on n'y répliquera jamais. Il confifte
dans la maniere dont l'objet eft préfenté.
Permettez que je vous les rappelle : *« Une
des principales attentions que le Gouvernement doit aux pauvres eft d'obliger les
riches à mettre leurs propriétés en valeur
pour fournir aux befoins de tous. Le riche
qui laiffe des champs fans culture, ou qui
les emploie à des chofes purement de*

luxe, en dérobe les fruits au peuple, &
& abufe auffi des loix. L'impôt empêche
ce mal. Ce même impôt qui force le pauvre
à travailler pour le riche , force auffi le
riche à faire vivre le pauvre , & met malgré
eux ces deux claffes de citoyens dans une
dépendance réciproque.

L'Auteur de la libération de la dette
nationale, ouvrage plein de faux raifonnements & de bons calculs, a voulu ,
comme moi , faire une defcription du
fol de la France. Voici comme il commence , *élevons nous dans les airs.* On
n'ira point : la propofition eft brufque
& infolite. S'il eût fait une peinture
fimple & foutenue de notre fol , le lecteur fans s'en appercevoir fe feroit peu-à-
peu élevé en imagination pour le fuivre.
Mais il annonce fa prétention avant de
montrer fes moyens : il effraie la bonne
volonté. Je dis que notre territoire eft
arrofé par un nombre infini de fleuves
& de rivieres : il met, lui, fix mille
fleuves, tout cela eft fans effet & uni-

quement par la faute de l'expreſſion.

Les exemples ſur une pareille matiere ne tariroient point ; mais pour trancher au court, je vais achever ces réflexions par la comparaiſon de trois morceaux, ſur le même ſujet, preſque avec les mêmes expreſſions, & qui vont à trois buts différents, le premier eſt de Boſſuet, le ſecond de Rouſſeau, le troiſieme de moi. Je me mets en bonne compagnie ; mais vous verrez que ce n'eſt pas pour en tirer un grand avantage.

Boſſuet, dans ſes fragments, prétend que c'eſt la religion qui influe le plus ſur les mœurs d'un peuple. Rouſſeau dit que c'eſt la nature qui fait tout indépendamment de la religion. Et moi je dis que le Gouvernement y influe beaucoup plus que la religion, ſans nier que la nature n'y coopere auſſi beaucoup.

Voici ce que dit Boſſuet : *Les Nations les plus éclairées & les plus ſages, les Chaldéens, les Égyptiens, les Phéniciens, les Grecs, les Romains étoient les plus*

ignorants

ignorants , & les plus aveugles sur la religion ; tant il est vrai qu'il y faut être élevé par une grace particuliere , & par une sagesse plus qu'humaine. Qui oseroit raconter les cérémonies des Dieux immortels , & leurs mysteres impurs ? Leurs amours, leurs cruautés , leurs jalousies, & tous leurs autres excès étoient le sujet de leurs fêtes , de leurs sacrifices, des hynmes qu'on leur chantoit, & des peintures que l'on consacroit dans leurs Temples. Ainsi le crime étoit adoré, & reconnu nécessaire au culte des Dieux. Le plus grave des philosophes défend de boire avec excès, si ce n'étoit dans les fêtes de Bacchus & à l'honneur de ce Dieu. Un autre après avoir sévérement blâmé toutes les images malhonnêtes , en excepte celle des Dieux qui vouloient être honorés par ces infâmies. On ne peut lire sans étonnement les honneurs qu'il falloit rendre à Vénus, & les prostitutions qui étoient établies pour l'adorer. La Grece, toute polie & toute sage qu'elle étoit, avoit reçu ces mysteres abominables.

G

Dans les affaires preſſantes, les particuliers & les républiques vouoient à Vénus des courtiſannes, & la Grece ne rougiſſoit pas d'attribuer ſon ſalut aux prieres qu'elles faiſoient à leur Déeſſe. Après la défaite de Xerxès & de ſes formidables armées, on mit dans leur Temple un tableau où étoient repréſentés leurs vœux & leurs proceſſions, avec cette inſcription de Simonides, Poëte fameux; » Celles-ci ont prié la Déeſſe Vénus, qui, pour l'amour d'elle, a ſauvé la Grece. S'il falloit adorer l'Amour, ce devoit être du moins l'amour honnéte; mais il n'en étoit pas ainſi. Solon, qui le pourroit croire, & qui attendroit d'un ſi grand nom une ſi grande infâmie? Solon, dis-je, établit à Athènes le Temple de Vénus la proſtituée, ou de l'amour impudique. Toute la Grece étoit pleine de Temples conſacrés à ce Dieu, & l'amour conjugal n'en avoit pas un dans tout le pays. Cependant ils déteſtoient l'adultere dans les hommes, & dans les femmes la ſociété conjugale étoit ſacrée parmi eux. Mais quand ils s'appliquoient à la religion, ils paroissoient comme possédés par un esprit étranger, & leur lumiere naturelle les abandonnoit. La gravité Romaine n'a pas traité la religion plus férieusement, puisqu'elle consacroit à l'honneur des Dieux les impuretés du théâtre & les fanglants spectacles des Gladiateurs, c'est-à-dire, tout ce qu'on pouvoit imaginer de plus corrompu & de plus barbare. Mais je ne fçais fi les folies ridicules qu'on méloit dans la religion n'étoient pas encore plus pernicieufes, puisqu'elles lui attiroient tant de mépris. Pouvoit-on garder le respect qui est dû aux chofes divines, au milieu des impertinences que contoient les fables, dont la repréfentation ou le fouvenir faifoient une fi grande partie du culte divin ? Tout le fervice public n'étoit qu'une continuelle profonation, ou plutôt une dérifion du nom de Dieu ; & il falloit bien qu'il y eût quelque puiffance ennemie de ce nom facré, qui ayant entrepris de le ravilir, pouffât les hommes à l'employer dans des chofes fi méprisables, & même à le prodiguer à des sujets si indignes.

Voici ce que dit Rousseau. Point de comparaison, je vous prie, car ceci est le plus beau morceau de prose que je connoisse en Français » *Jettez les yeux sur toutes les nations du monde, dit Rousseau, parcourez toutes les histoires. Parmi tant de cultes inhumains & bisarres, parmi cette prodigieuse diversité de mœurs & de caracteres, vous trouverez par-tout les mêmes idées de justice & d'honnéteté, par-tout les mêmes notions du bien & du mal. L'ancien paganisme enfanta des Dieux abominables qu'on eût punis ici bas comme des scélérats, & qui n'offroient pour tableau du bonheur supréme, que des forfaits à commettre & des passions à contenter. Mais le vice, armé d'une autorité sacrée, descendoit en vain du séjour éternel, l'instinct moral le repoussoit du cœur des humains. En célébrant les débauches de Jupiter, on admiroit la continence de Xénocrate; la chaste Lucrece adoroit l'impudique Vénus; l'intrépide*

Romain sacrifioit à la peur; il invoquoit
le Dieu qui mutila son pere , & mouroit
sans regret de la main du sien ; les plus
méprisables Divinités furent servies par
les plus grands hommes. La sainte voix de
la nature , plus forte que celle des Dieux ,
se faisoit respecter sur la terre , & sembloit
reléguer dans le ciel le crime avec les cou-
pables.

Voici ce que je dis : » Il n'y a dans ce
moment-ci en France aucune apparence de
fanatisme ; c'est le siecle des lumieres , de
la maturité & de la raison ; mais le germe
du fanatisme y existe toujours, comme il
existe par-tout où il y a des hommes & une
religion. C'est au Gouvernement à le sur-
veiller & à le repousser quand il menace de
paroître , mais sur-tout à en détourner les
peuples en fixant leur attention sur la Patrie
entiere , & en portant leur principal intérêt
sur l'ensemble de l'état , où la religion ne
s'apperçoit alors que comme devant toujours y tenir une place circonscrite , & y
avoir un caractere paisible & conciliant.

Ce font les Gouvernements vicieux qui livrent les peuples au fanatifme ; tandis que les Gouvernements raifonnables & grands abforbent tous les attouchements partiels , & donnent aux citoyens cette jufte mefure , qui détermine tous leurs mouvements dans la chofe publique , pour l'avantage général du pays. Sans doute qu'avoir une bonne religion eft un grand bien pour un peuple ; mais ce n'eft pas la religion , foit bonne , foit mauvaife , qui a les plus grands effets fur l'exiftence d'un état. Son Gouvernement politique , fes Loix , & fa Milice , font ce qui dé-termine fes avantages. Cette vérité eft prou-vée par des exemples de tous les fiecles. Les anciens avec une religion infâme qui confacroit des exemples affreux , qui pré-fentoit à la vénération des Divinités fouil-lées des plus grands crimes , les anciens peuples font parvenus à la plus grande force publique qu'il foit poffible d'acquérir ; parce que l'excellence des Gouvernements , autant que le bon naturel des hommes ,

repouſſoient chez eux des cœurs des citoyens, les influences de leurs ſcanda-
leuſes & révoltantes religions, pour n'y
laiſſer d'accès qu'aux ſentiments ſociaux
& aux vertus patriotiques. Les Loix dé-
tournoient les regards des hommes des
forfaits des Dieux pour ne les pénétrer
que de leur puiſſance ; & c'eſt en vain
qu'on conſacroit les égarements des Hé-
ros, le peuple dirigé par ſes bonnes inſti-
tutions, n'étoit ſenſible qu'à leurs vertus.
C'eſt le génie d'un peuple, ce ſont ſes
mœurs, qui doivent former ſon Gouvernement ; mais ce premier ouvrage une fois
fait & bien aſſemblé, c'eſt le Gouvernement qui forme à ſon tour le peuple, indépendamment de la religion, qui ne fait
que concourir à ſa diſcipline.

Le rapprochement de ces trois fragments vous prouve qu'avec l'air de dire
les mêmes choſes, avec les mêmes expreſſions, on peut porter trois ſentiments différents, & faire des effets ou divers ou contraires. Le morceau de Boſ-

ſuet eſt plein de nerf & de gravité, mais il ne conclud pas : il n’explique point pourquoi les Païens avec leur mauvaiſe religion firent de ſi grandes choſes, & pourquoi avec leur excellente religion les Chrétiens en ont fait de ſi petites. Il ſe borne à attribuer tant d’erreurs à cet eſprit qu’on appelle de ténebres. Le morceau de Jean-Jacques Rouſſeau entraîne : il eſt ſolide, brillant, harmonieux, plein d’imagination. L’antitheſe pouſſée à ſon plus haut point, y donne un jeu que Boſſuet ſemble avoir ſenti & dédaigné dans le ſien. Mon paragraphe eſt ſimple, net, précis, la raiſon y eſt apparente : l’Auteur y eſt caché : il perſuade autant qu’il convainc, on peut le préférer à celui de Boſſuet, on peut le lire encore après celui de Rouſſeau : je penſe que c’en eſt aſſez. Rouſſeau lui-même n’a que trois ou quatre pages de cette grande beauté, & je devois ſur-tout éviter d’avoir l’air de lutter avec lui.

Voilà,

Voilà, Monsieur, tout ce que je puis ajouter à mon apologie. Je devois, après avoir travaillé, autant qu'il étoit en moi, à vous donner de bon or, je devois travailler aussi un peu à démêler avec vous l'oripeau qu'on nous étale de tous côtés ; je devois, après vous avoir offert d'un vin nourrissant qui ranime, & qui restaure, vous faire sentir le danger d'user de ceux qui enivrent , & qui énervent. Je crois ma tâche remplie à cet égard. C'est avec regret, c'est par nécessité que j'ai parlé ainsi de moi : je desire n'y plus revenir ; & ne m'occuper désormais avec vous , que d'objets patriotiques & généraux. Cicéron est monté trois fois dans la tribune pour se justifier d'avoir délivré Rome de Catilina ; & c'en étoit assez pour une cause personnelle ; mais Démosthene a invectivé onze fois contre Philippe devant les Athéniens. L'ardeur à combattre les brouillons doit augmenter en raison de leurs entreprises, doit être infatigable comme leur malice. Il ne sera pas dit que sous prétexte de détruire quelques abus, on aura tout confondu & tout renversé, & que toute la France aura gardé le silence. Il ne sera pas dit que la France aura, sans que personne ait réclamé, vu diviser, amoin-

H

drir l'autorité qui la régit, cette autorité qui, en maintenant chez elle la paix, la rend fi redoutable aux nations étrangeres. Il y a chez nous quelques abus à corriger, fans doute; mais, croyez-moi, n'allons pas pour cela tout ébranler & tout abattre. Donnons-nous le temps de nous reconnoître : confidé-rons que nous fommes dans ce moment trop émus & trop agités pour prendre de bons partis. Celui qui eft tourmenté par quelque paffion, doit attendre d'être calmé pour agir. Rien ne nous preffe. Nous exiftons depuis quatorze fiecles; nous pouvons bien encore paffer dix ans comme nous fommes, fans un extrême inconvénient. Mais fur-tout refpec-tons nos grands établiffements. M. de Bre-teuil fait bénir fon miniftere & fon nom en travaillant à la falubrité & à la commodité de la Capitale, en débarraffant les Marchés, les Ponts & les Quais, en démoliffant des Mafures, mais il refpecte les Monuments, il n'attaque pas le Louvre.

J'ai l'honneur d'être, &c.

www.ingramcontent.com/pod-product-compliance
Lightning Source LLC
LaVergne TN
LVHW010409060726
842526LV00005B/1588